ZASADA PARETO W ZARZĄDZANIU PRZEDSIĘBIORSTWEM

KLUCZOWE INFORMACJE

- **Nazwy:** , zasada Pareto, prawo Pareto, zasada 80/20, prawo żywotnej garstki.

- **Zastosowania:**

  - Ekonomia: zarządzanie przedsiębiorstwem (zarządzanie jakością, zarządzanie klientami, zarządzanie produkcją, kontrola zapasów, zasoby ludzkie itp.), tworzenie strategii handlowych i marketingowych itp.

  - Fizyka, socjologia i statystyka.

  - Sfera prywatna: zarządzanie czasem, organizacja zadań itp.

- **Dlaczego to się udaje?** Zgodnie z zasadą Pareto "80% efektów jest produktem 20% przyczyn". Ta proporcja pozwala na szybkie określenie zasadniczej części każdej czynności. Model ten występuje w wielu dziedzinach życia codziennego oraz w świecie biznesu: na przykład, gdy firma chce zidentyfikować klientów, którzy generują największe przychody. Jeśli weźmie się pod uwagę stosunek 80/20, firma może skupić się na 20% klientów, którzy generują 80% jej obrotów, aby spróbować ich zatrzymać.

- **Słowa kluczowe:** Vilfredo Pareto, zasada Pareto, zasada 80/20, analiza ABC, rotacja, Joseph Juran, zarządzanie czasem, relacje z klientami, marketing relacji, CRM, wykres Pareto, teoria długiego ogona, efektywność Pareto.

WSTĘP

Historia

Zasada Pareto to narzędzie analizy i podejmowania decyzji stworzone przez Vilfredo Pareto (1848-1923) pod koniec XIX wieku (dokładnie w 1897 roku). Włoski ekonomista i socjolog, który studiował na Politechnice w Turynie we Włoszech, jest uważany za ojca założyciela tego, co jest obecnie znane jako Zasada Pareto. Badając bogactwo swojego kraju stwierdził, że tylko 20% ludzi posiadało 80% całego bogactwa. Następnie zastosował to prawo do innych państw, takich jak Rosja, Francja i Szwajcaria i znalazł te same wyniki.

Jednak dopiero w latach 40. XX wieku Joseph Juran (1904-2008), amerykański inżynier zajmujący się zarządzaniem jakością, uznał teorię 80/20 i przypisał ją Vilfredo Pareto.

Definicja modelu

Zasada Pareto wywodzi się z obserwacji, że 20% przyczyn odpowiada za 80% skutków. Innymi słowy, w świecie biznesu 20% klientów jest odpowiedzialnych za 80% obrotów. Dzięki zidentyfikowaniu tych 20% (najważniejszych klientów) firmy mogą poświęcić im więcej uwagi, aby zaoszczędzić czas i pieniądze. Według Josepha Jurana, zasada Pareto może być stosowana uniwersalnie w dziedzinie biznesu i można ją znaleźć we wszystkich sektorach społeczeństwa. Można nawet stosować tę zasadę w większości dziedzin życia codziennego. Zobaczymy jednak, że zarówno w biznesie, jak i w innych dziedzinach, stosunek 80/20 nie zawsze jest przestrzegany, ale daje wyobrażenie o rzeczywistości.

TEORIA

KONTEKST POCZĄTKOWY

W latach 40. XX wieku Joseph Juran zaobserwował, że mniejszość usterek powoduje większość problemów na linii produkcyjnej. Szybko rozpoznając proporcję 80/20 (80% problemów jest spowodowanych przez 20% usterek), przypisał tę teorię Vilfredo Pareto z początku XX wieku. Joseph Juran, podczas swoich badań nad zarządzaniem jakością, wykazał, że przyczyny można podzielić na dwie grupy: te, które są kluczowe (w tym przypadku 20% usterek) i te, które są drugorzędne, stanowiące pozostałe 80%. Dzięki wyodrębnieniu najbardziej problematycznych wad (tych, które powodują 80% problemów) Joseph Juran mógł skupić się na nich dalej i znacznie ograniczyć problemy na linii produkcyjnej.

 **DOBRZE WIEDZIEĆ**

Zasada Josepha Jurana pierwotnie nazywała się "the vital few and trivial many" ("niewiele istotnych i wiele trywialnych"). Pomimo znacznego wkładu ekonomisty, koncepcja ta jest powszechnie pamiętana jako "zasada Pareto", prawdopodobnie dlatego, że brzmi lepiej niż nazwa nadana przez Josepha Jurana.

ZASTOSOWANIA W BIZNESIE

Współcześnie, zasada Pareto ma wiele zastosowań w biznesie oraz w obszarach zarządzania personelem i poszukiwania efektywności. Zastosowania w biznesie dotyczą głównie zarządzania klientami i zasobami ludzkimi. Na przykład 20% pracowników wytwarza 80% pracy. Ale stosuje się ją również w strategiach biznesowych, wiedząc, że 20% produktów generuje 80% zysków. W tej książce omówimy dogłębnie zastosowanie tej zasady w sektorze przedsiębiorstw. Poniższe punkty przedstawiają wiele różnych zastosowań w jasny i zwięzły sposób, co pomoże Ci zrozumieć zasadę Pareto.

Zasada Pareto jako narzędzie w marketingu relacji

Jak już wspomnieliśmy, jednym z najważniejszych zastosowań zasady Pareto jest zarządzanie klientami w firmie. Wiele badań pokazuje, że 20% klientów odpowiada za 80% sprzedaży. Ci klienci są dla firmy najważniejsi. Dlatego lepiej jest uczynić ich lojalnymi klientami, aby zapewnić maksymalną retencję, szczególnie poprzez marketing relacji.

 **DOBRZE WIEDZIEĆ**

Marketing relacji to narzędzie, które pozwala stworzyć i podtrzymać więź między marką a jej klientami poprzez przyznawanie prezentów lub rabatów, albo poprzez zaproszenia lub porady. Celem jest rozwijanie długoterminowych relacji z klientami, ponieważ koszty

Innym zastosowaniem zasady Pareto jest zarządzanie relacjami z klientami: 20% klientów jest źródłem 80% skarg. Jeśli 20% klientów użytych w powyższym przykładzie jest takich samych, jak te 20%, firma nie będzie miała trudności z zaspokojeniem ich potrzeb, ponieważ już teraz skupia się na ich zatrzymaniu. Niestety, rzadko tak się dzieje: 20% ważnych klientów to rzadko to samo, co 20% odpowiedzialne za 80% skarg. W takim przypadku firmie trudniej jest jasro określić każdą kategorię klientów i przypisać im większość uwagi. Firma musi wtedy zdecydować o swoim priorytecie i wybrać między zarządzaniem przychodami a skargami (generowaniem satysfakcji klienta).

Zasada Pareto jako narzędzie kontroli jakości

Drugie zastosowanie, wykorzystane przez Josepha Jurana, to kontrola i zarządzanie jakością w linii produkcyjnej. Jeśli 20% usterek powoduje 80% problemów, firma może skoncentrować swoje wysiłki na zajęciu się danymi usterkami w celu poprawy jakości. Inne podobne zastosowania są również aktualne:

* 20% czasu ustawienia maszyny może rozwiązać 80% problemów;

* 20% linii produkcyjnej odpcwiada za 80% produktu końcowego.

Inne zastosowania zasady Pareto

- Narzędzie zarządzania osobistego: 20% pracy daje 80% wyników.

- Narzędzie zarządzania ryzykiem: 20% sytuacji ryzykownych powoduje 80% konsekwencji.

- Narzędzie do zarządzania logistyką: 20% produktów generuje 80% kosztów magazynowania.

- Narzędzie do zarządzania zapasami: 20% całkowitej liczby produktów stanowi 80% całkowitej wartości zapasów.

- Narzędzie do zarządzania sprzedażą: 20% produktów generuje 80% zysków, itd.

CO BY BYŁO, GDYBY PRZEPIS BYŁ STOSOWANY REGULARNIE?

Co by było, gdyby w dzisiejszym biznesie zawsze stosowano zasadę Pareto? Czy powinniśmy zbliżyć się jak najbardziej do proporcji 80/20, aby przetrwać?

Weźmy analizowany już przykład: firma po zbadaniu swojej bazy klientów stwierdza, że tylko 10% jej klientów odpowiada za 90% jej obrotów. Sytuacja ta jest dość niepokojąca, ponieważ jej kapitał kluczowych klientów jest niski. Gdyby firma straciła tylko kilku z nich, jej przychody drastycznie by spadły. W tym przypadku odejście od zasady 80/20 mogłoby być dla firmy zgubne. Istnieją dwa możliwe rozwiązania:

- Albo firma postanawia zadbać o swoich głównych klientów, aby ich zatrzymać, ale to uproszczone rozwiązanie nie rozwiązuje jej problemów, ponieważ ich przyszłość całkowicie opiera się na tych klientach;

- Albo wykonane obok pierwszej opcji, firma decyduje się zachować innych klientów, aby znaleźć lepszą równowagę. W tym momencie warto zastanowić się, jak zatrzymać klientów, aby powrócić do średniego wskaźnika, który jest bardziej bezpieczny.

Drugi przykład pokazuje, że odejście od normy nie musi być szkodliwe dla firmy. Wyobraźmy sobie tę samą firmę, która po badaniu klientów zauważa, że nie ma głównych klientów, a 30% najważniejszych nabywców generuje 70% jej obrotów. Choć blisko zasady 80/20 (ale wciąż nie osiągając równowag Pareto) firma ma mniejsze kłopoty niż w poprzednim scenariuszu. Oczywiście, działalność jest zapewne rozproszona, ale utrata części klientów nie wpłynęłaby na sytuację tak bardzo, jak w przypadku stosunku 90/10 i nie stanowi powodu do niepokoju. Może być jednak problematyczna pod względem kosztów na klienta, jeśli liczba klientów jest większa: koszty zarządzania klientami i komunikacji są w rzeczywistości wyższe. W tym przypadku przywrócenie równowagi 80/20 doprowadziłoby do przyszłego sukcesu.

Dostosowanie zasady Pareto do osiągnięcia stosunku 80/20 nie jest celem samym w sobie. Wszystko zależy od działalności firmy i jej sektora. Firma produkująca supermarkety prawdopodobnie będzie miała wielu małych klientów, co jest normalne dla tego sektora, natomiast producent samolotów ma mniej klientów, ale są oni nieuchronnie więksi. Dlatego też sektor wpływa na proporcje stosowane w zasadzie Pareto i nie zawsze powinno to być 80/20.

 **DOBRZE WIEDZIEĆ**

Istnieją różne rodzaje komunikacji przedsiębiorstw z klientami. Pierwszy z nich to marketing masowy skierowany do wszystkich konsumentów, uważanych za "przeciętnych konsumentów". Drugi to marketing jeden-na-jeden, skierowany do każdego klienta z osobna, oferujący produkty dostosowane do jego potrzeb. Ta metoda podejścia do klienta jest zdecydowanie bardziej interesująca, ale jest też najdroższa. Wreszcie istnieją inne rodzaje komunikacji pośredniej, takie jak marketing zróżnicowany, który skierowany jest do dużej części rynku, lub marketing skoncentrowany, który skupia się tylko na małej niszy rynkowej.

ZALETY ZASADY PARETO

Korzyści ze stosowania zasady Pareto są niezliczone. Większość z nich została już wymieniona w poprzednich rozdziałach. Firma, która zna swój współczynnik Pareto dla każdego działu, może poprawić swoją efektywność, zwłaszcza wykonując następujące czynności:

- Lepsze zarządzanie swoim ryzykiem. Znając najważniejsze ryzyka oraz te, które są łatwe do skorygowania, firma może skupić się na swojej podstawowej działalności.

- Lepsze poznanie swoich klientów. Firma może ustalić swoją strategię komunikacji i skierować ją do najważniejszych konsumentów. Ważne jest, aby znać cechy 20% największych klientów, w tym skąd pochodzą, ich branżę (w przypadku profesjonalistów) lub ich wiek i płeć (w przypadku osób fizycznych). Dzięki temu może tworzyć nowe perspektywy, które pasują do tych cech. Konsumenci docelowi są podobni do najlepszych klientów; firma ma większe szanse na doprowadzenie ich z etapu prospektu do etapu konsumenta.

- Ograniczanie kosztów. W linii produkcyjnej wiedza o tym, które punkty zużywają najwięcej energii, ale mają najniższą wydajność, może umożliwić firmie dostosowanie, usunięcie lub zmodyfikowanie najdroższych elementów.

- Ograniczenie strat czasu. Wiedząc, które czynności są najbardziej produktywne, menedżer może skupić się na nich, aby poprawić ich wydajność.

OGRANICZENIA I ROZSZERZENIA

OGRANICZENIA I KRYTYKA

Zasada Pareto, mimo swojego uniwersalnego charakteru, nie zawsze sprawdza się dla każdego sektora i każdego działu. Widzieliśmy już przykład ograniczenia w przypadku supermarketów, czyli obszaru, w którym mało prawdopodobne jest, aby 20% klientów odpowiadało za 80% sprzedaży. Model musi być dostosowany do sektora i działu danego przedsiębiorstwa. Możemy zwrócić uwagę na dwa krytyczne punkty: po pierwsze, stosunek 80/20 nie zawsze jest obserwowany w rzeczywistości. Po drugie, skupienie się na tych 20% nie zawsze jest najlepszym rozwiązaniem.

Nieprecyzyjny model

Pierwsza krytyka tej zasady zwraca uwagę na to, że nie jest ona naukowo dokładna. Uzyskanie stosunku 80/20 dla każdego działu firmy jest właściwie niemożliwe. Nie zaprzecza się jednak pierwotnej idei modelu. W teorii Josepha Jurana efekty należy podzielić na dwie grupy. Do pierwszej grupy zalicza się efekty, które są mało liczne, ale mają istotne konsekwencje. Do drugiej grupy zalicza się efekty, które są liczne, ale mają ograniczone konsekwencje. Jeśli grupy te nie odpowiadają dokładnie 20% i 80%, można stosować współczynniki 10/90 lub 5/95, które w niektórych sytuacjach są nawet normą.

Nieefektywny model

Druga krytyka dotyczy względnej skuteczności zasady Pareto. Jeśli 80% produktów firmy nie jest sprzedawanych zbyt często, to nadal mogą one stanowić znaczną marżę sprzedaży (powiedzmy 20%). Jeśli koszty magazynowania tych produktów są niskie, firma może sobie pozwolić na ich dalszą sprzedaż, nawet jeśli przyciągają mniej klientów. W następnym punkcie zobaczymy, że zasada Pareto jest powiązana z inną ważną zasadą zwaną teorią długiego ogona.

POWIĄZANE MODELE I ROZSZERZENIA

Model ABC

Model ABC jest udoskonaleniem zasady Pareto. Nowy model argumentuje, że przy zasadzie Pareto pomijane są kategorie pośrednie i trudno jest ocenić ich znaczenie. Klasyfikując efekty na trzy kategorie (A, B i C), firma nie zaniedbuje efektów, które są mniej ważne niż górne 20%, a uznaje ich znaczenie w kontekście konsekwencji. Trzy klasy można podzielić w ten sposób:

* Klasa A: 20% klientów, którzy odpowiadają za 80% sprzedaży;

* Klasa B: 30% klientów, którzy odpowiadają za 15% sprzedaży;

* Klasa C: 50% klientów, którzy stanowią 5% sprzedaży.

Klasa B jest ryzykowna, gdyż inwestowanie tam czasu i pieniędzy może, ale nie musi być wartościowe. Ponieważ czynniki te zostały pominięte przez Pareto, model ABC jest dokładniejszy i uwzględnia kategorie pośrednie.

Teoria długiego ogona

Teoria długiego ogona jest związana z zasadą Pareto i stanowi jej uzupełnienie. Model ten rozkłada przychody przedsiębiorstwa na wszystkie jego produkty, w tym na dobra specyficzne, które stanowią istotną część obrotu i charakteryzują się:

- niska sprzedaż określonych produktów

- duża liczba produktów specjalnych (często ponad 80% ogólnej liczby produktów).

W przypadku księgarni, na przykład, specyficzne produkty odnoszą się do opublikowanych dzieł, które sprzedają się tylko w kilku egzemplarzach rocznie. Biorąc pod uwagę koszty i przestrzeń potrzebną na magazyn, niemożliwe jest, aby księgarz oferował tylko te książki. Musi skupić się na książkach, które dobrze się sprzedają, takich jak bestsellery, aby osiągnąć równowagę.

Związek z zasadą Pareto polega na tym, że w tym przypadku tylko mniejszość przedmiotów stanowi większość sprzedaży. Tradycyjny biznes musi skupić się na tych produktach. Wyjątkiem są jednak witryny e-commerce.

Kierując się zasadą Pareto, nie powinniśmy skupiać się tylko na najważniejszych 20%. Teoria Długiego Ogona w e-commerce umożliwia rozważenie pozostałych 80%, ponieważ dodatkowy koszt jest minimalny, a zysk wysoki. Amazon jest doskonałym przykładem teorii Długiego Ogona. Jako witryna e-commerce, firma może oferować imponującą liczbę publikacji, które wcześniej były trudne do znalezienia w sklepach. Chociaż ten przypadek korzysta z danych dostępnych w Internecie, to nadal jest oczywistym przykładem ograniczeń zasady Pareto. Jak widać, dla niektórych firm korzystne może być skupienie się na więcej riż 20% produktów, które generują największą sprzedaż.

PRAKTYCZNE ZASTOSOWANIE

W tym rozdziale zastosujemy to, czego nauczyliśmy się do tej pory. Zaczniemy od stworzenia wykresu Pareto, który jest przydatny do wizualnej identyfikacji najważniejszych 20%. Przykład dotyczy sprzedawcy i jego klientów i jest celowo uproszczony, aby ułatwić jego zrozumienie. Bardziej rozbudowane studium przypadku można znaleźć na końcu tego rozdziału.

FORMATOWANIE TABELI

Pierwszym krokiem jest przygotowanie tabeli. Ponieważ chcemy znaleźć najważniejsze 20%, warto posortować dane w porządku malejącym, aby od razu dostrzec interesujące nas elementy.

W pierwszej kolumnie napisz listę czynników do obserwacji (na przykład listę klientów). W drugiej kolumnie muszą znaleźć się zmienne, które temu odpowiadają (na przykład ilość pieniędzy wydanych przez poszczególnych klientów).

Następnie musimy obliczyć procent każdego obiektu (w tym przypadku każdego klienta) oraz procent skumulowany. Ten procent narysuje linię skumulowanych procentów na wykresie Pareto. Dodając wszystkie dane, wyłoni się próg 80%.

TWORZENIE WYKRESU

Musimy teraz narysować wykres (na przykład za pomocą Excela). Wykres jest zwykle sparowany z wykresem liniowym krzywej wartości, który stanowi ostatnią kolumnę tabeli. Takie podejście jest opcjonalne: możliwe jest omówienie wyników po prostu na podstawie tabeli.

wybierając wykres "linia ze znacznikami") i umieść je na osi pomocniczej (po prawej stronie).

Sformatuj układ i dodaj tytuły do osi i wykresu. Na koniec zmień kolory i dodaj etykiety danych do swoich osi, np. wyświetlanie skumulowanych procentów na swoim wykresie.

OKREŚLENIE NAJWAŻNIEJSZYCH 20%

W przypadku kroku trzeciego zinterpretujemy wykres (i/lub tabelę), aby zidentyfikować najważniejsze 20%. W przypadku klientów możemy łatwo określić całkowitą sprzedaż generowaną od danego klienta. Wynik nie musi odpowiadać zasadzie 80/20, ale ważne jest, aby poznać czynniki, które wpływają na każdy z badanych obszarów.

Wstępne obserwacje

- Około 20% klientów (A, B, C i D) generuje 76% obrotów (stosunek zbliżony do 80/20 Pareto).

- Większość uwagi sprzedawcy powinna być poświęcona na zatrzymanie tych ważnych klientów.

- Metoda ABC nie pomija czynników pośrednich, które w tym przypadku stanowią prawie 20% obrotu.

PODEJMOWANIE DZIAŁAŃ

Kierunki działań

Ostatni etap polega na podjęciu działań w oparciu o wyniki w celu poprawy wydajności ze strategii korporacyjnych. Można wdrożyć różne środki:

- naprawianie problemów w fabryce;

- nagradzanie wysoko wydajnych pracowników;

- identyfikacja perspektyw;

- zatrzymanie klientów, itp.

Utrzymanie klienta może odbywać się poprzez reklamę, niestandardowe promocje lub inne strategie utrzymania. Przykładowo, firma może zaprosić klientów na targi branżowe.

Aby uzupełnić ten przykład, możemy sobie wyobrazić, że nasz sprzedawca obwoźny, który zidentyfikował czterech klientów i wdrożył strategię retencji, postanowił poszukać nowych perspektyw, aby zwiększyć swoje obroty. Aby osiągnąć ten nowy cel, może on wykorzystać szczególne narzędzie zwane "segmentacją RFM".

SEGMENTACJA RFM: POWTARZALNOŚĆ, CZĘSTOTLIWOŚĆ I WARTOŚĆ PIENIĘŻNA

Segmentacja RFM jest rodzajem segmentacji opisowej opartej na przeszłych zachowaniach nabywców i służy do zrozumienia przyszłych perspektyw. Kategoryzuje ona profile klientów w oparciu o trzy kryteria:

Data zakupu. Im bardziej aktualna, tym wyższy ich ranking.

Częstotliwość dokonywania zakupów. Im częściej klient kupuje, tym wyższy jego ranking.

Ilość zakupów. Im więcej przedmiotów klient kupuje, tym wyższy jest jego ranking (to od razu stawia go w najwyższej kategorii).

Zalecenia

- Nie ma sensu stosować zasady Pareto, jeśli nie chcesz podjąć działania.

- Metoda ta nie jest dokładna, gdyż w niektórych sektorach niekoniecznie powinien występować stosunek 80/20.

- Zasada Pareto nie może być stosowana we wszystkich sektorach.

- Metoda ta nie uwzględnia wartości pośrednich.

- Jak widzieliśmy w przypadku teorii Long Tail w e-commerce, najmniej częste wartości mogą być w niektórych przypadkach korzystne.

STUDIUM PRZYPADKU – LINIA PRODUKCYJNA

Wprowadzenie do problemu

Nasze fikcyjne studium przypadku dotyczy pewnego przemysłu i jego linii produkcyjnej. W tej firmie linia produkcyjna doświadcza powtarzających się przerw w ciągu roku. Razem sumują się one do łącznej liczby 1033 godzin, co stanowi nieco ponad miesiąc braku aktywności. Aby zrekompensować utratę godzin pracy, kierownik, który zauważył, że dynamika nie jest logiczna, identyfikuje około dziesięciu częstych przyczyn zatrzymania linii. Następnie szacuje średni czas przestoju (w godzinach) i podaje liczbę wystąpień dla każdej przyczyny. Korzystając z zasady Pareto, ma nadzieję zidentyfikować główne czynniki zakłócające pracę linii produkcyjnej.

Formatowanie tabeli i wykresu

- Pierwsza kolumna przedstawia problemy zidentyfikowane w fabryce. Dane w nawiasach to liczba godzin bezczynności spowodowanych każdym problemem.

- W drugiej kolumnie wymieniona jest liczba wystąpień. W sumie jest ich 230.

- Trzecia kolumna przedstawia, w porządku malejącym, wyniki pomnożenia liczby wystąpień przez liczbę godzin, które każde zatrzymanie powoduje. Daje to całkowitą liczbę godzin bezczynności spowodowanych przez każdy problem. Dane te zostaną wykorzystane do wykreślenia słupków na wykresie Pareto.

- W czwartej kolumnie wyszczególniono procentowy udział w całości utraconych godzin pracy, a w ostatniej kolumnie przedstawiono skumulowane wartości procentowe.

Określenie istotnych czynników

Zasada Pareto sprawdza się w tym przypadku szczególnie dobrze, ponieważ mniejszość czynników powoduje większość problemów. Konkretnie, prawie 30% czynników powoduje 72% opóźnień w linii produkcyjnej. Zauważ, że istnieją jeszcze dwa inne współczynniki zbliżone do 80/20:

- przy uwzględnieniu dwóch największych przyczyn (20%) odsetek opóźnień wynosi 63%;

- przy uwzględnieniu czterech największych problemów (40%), odsetek opóźnień wynosi 80%.

Zatem, **która proporcja jest najlepsza?** Na to pytanie trudno jest odpowiedzieć. Widać jednak, że środkowy stosunek 30% czynników powodujących 72% opóźnień jest najbliższy zasadzie Pareto.

Niestety, nie rozwiązuje to wszystkich problemów:

- po pierwsze, pozostaje nam wiele problematycznych czynników do dostosowania, ale wybór skupienia się na pierwszym stosunku (dwie główne kwestie) pozwoliłby nam skupić się na mniejszości przyczyn powodujących maksymalną liczbę konsekwencji, co jest właśnie celem zasady Pareto;

- po drugie, jeśli kierownik zakładu chce naprawić jak najwięcej problemów, ma wszelkie powody, by skupić się na trzecim współczynniku, korygując 40% przyczyn, które powodują 80% opóźnień na linii produkcyjnej.

WNIOSEK

W naszym przykładzie obserwowaliśmy linię produkcyjną dotkniętą znacznymi i powtarzającymi się opóźnieniami. Przykład ten, mimo że jest fikcyjny, można łatwo zaadaptować do wszystkich obszarów firmy (produkcja, maszyny, pracownicy, klienci itd.). Identyfikując najważniejsze problemy, firma może znaleźć rozwiązania minimalizujące jej wysiłki i maksymalizujące wyniki.

Z pomocą zasady Pareto i modelu ABC, firmy mogą myśleć inaczej i skupić się na najważniejszych problemach, zachowując jednocześnie kontrolę nad swoją podstawową działalnością. Ponieważ zakładamy, że "czas to pieniądz", możemy sobie łatwo wyobrazić, że każdy przedsiębiorca i każda osoba zaangażowana w firmę może zoptymalizować istniejące procesy, aby zachować konkurencyjność. To samo dotyczy niektórych jednostek, do których odnosi się zasada Pareto.

PODSUMOWANIE

- Zasada Pareto to uniwersalne narzędzie, które pokazuje, że 20% przyczyn prowadzi do 80% skutków. Identyfikując te przyczyny, organizacja może łatwo kontrolować najważniejsze skutki.

- Ta zasada ma wiele zastosowań. Dotyczą one nie tylko firm ukierunkowanych na produktywność czy relacje z klientami, ale także wielu dziedzin życia codziennego, jak np. prowadzenie gospodarstwa domowego.

- Konkretnym zastosowaniem zasady Pareto jest zarządzanie klientami w firmie. W tradycyjnym biznesie, to 20% klientów generuje zazwyczaj 80% sprzedaży. Identyfikując tych klientów, firma może się na nich skupić, aby poprawić zyski.

- Model ABC jest związany z zasadą Pareto. Wzmacnia ją poprzez uwzględnienie kategorii pośrednich, które również generują efekty. Te pośrednie kategorie są mniej ważne, ale wciąż warte rozważenia.

- Teoria długiego ogona to również koncepcja uzupełniająca zasadę Pareto, dotycząca głównie sprzedaży internetowej. Sprawdzana jest proporcja 80/20 i firma, która potrafi obniżyć swoje koszty, szczególnie dzięki internetowi, może sobie pozwolić na to, aby nie skupiać się tylko na najważniejszych 20%, ale na całym swoim towarze, nawet na tych produktach, które sprzedają się słabiej.

- Wreszcie, prawo Pareto można łatwo zastosować w praktyce za pomocą tabel i wykresów. Zapewniają one całościowy obraz problemu i identyfikują skutki. Firma, organizacja lub po prostu gospodarstwo domowe, o którym mowa, może następnie skupić się na podjęciu działań w celu poprawy efektywności i rentowności.

DALSZE CZYTANIE

BIBLIOGRAFIA

Anderson, C. (2006) *The Long Tail: Why the Future of Business Is Selling Less of More.* Nowy Jork: Hyperion.

BetterExplained. (2007) *Understanding the Pareto Principle (The 80/20 Rule).* [Online]. [Dostęp 22 maja 2014]. Dostępny w: < http://betterexplained.com/articles/understanding-the-pareto-principle-the-8020-rule/>.

Cotter, J. J. (1995) *The 20% Solution.* Hoboken: John Wiley & Sons.

Coyne, S. (2012) Zasada Pareto spotyka długi ogon. *Steven Pressfield Online.* [Online]. [dostęp 22 maja 2014]. Dostępny w: < http://www.stevenpressfield.com/2012/11/the-pareto-principle-meets-the-long-tail/>.

Dufour, L. (bez daty) Efficacité du dirigeant : qu'est-ce que la loi de Pareto? *Le Blog du Dirigeant.* [Online]. [Dostęp 22 maja 2014]. Dostępny w: < http://leblogdudirigeant.com/efficacite-du-dirigeant-quest-ce-que-la-loi-de-pareto/>

Juran, J. M. (1951) *Podręcznik kontroli jakości.* New-York: McGraw-Hill.

Koch, R. (1998) *Zasada 80/20.* London: Nicholas Brealey Publishing.

Le Site des Profs de Vente et de Commerce. (Bez daty) *Les techniques et stratégies de prospection.* [Online]. [Dostęp 22 maja 2014]. Dostępny w: < http://www.lescoursdevente.fr/bacvente/Prospection/Des%20outils%20de%20segmentation%20des%20clients-prospects,%20Pareto,%20 ABC,%20RFM.pdf>

Montanaro, L. (2012) Potęga zasady Pareto (aka zasada 80/20). *Lisa Montanaro*. [Online]. [Dostęp 22 maja 2014]. Dostępnyw:<http://www.lisamontanaro.com/2012/03/16/ the-power-of-the-pareto-principle-aka-the-8020-rule/>.

Reh, J. F. (2016) Zasada Pareto – Zasada 80-20. *the balance*. [Online]. [dostęp 22 maja 2014]. Dostępny w: < https:// www.thebalance.com/pareto-s-principle-the-80-20- rule-2275148>

Villemin, G. (bez daty) Loi de Pareto", w: Nombres – Curiosités, théories et usages. [Online]. [dostęp 22 maja 2014]. Dostępny w: < http://villemin.gerard.free.fr/aSocial/ Pareto.htm>.

DODATKOWE ŹRÓDŁA

Hale, A. (bez daty) Problem z zasadą Pareto. *Trening rozwoju osobistego*. [Online]. [Dostęp 22 maja 2014]. Dostępny w: < http://sidsavara.com/personal-productivity/the-pro- blem-with-the-pareto-principle>.

Marshall, P. (2013) *80/20 sprzedaży i marketingu*. Irvine: Entrepreneur Press.

Chcemy usłyszeć od Ciebie, co się dzieje!
Zostaw komentarz na temat swojej internetowej biblioteki
i podziel się swoimi ulubionymi książkami w mediach społecznościowych!

Master ISBN : 9782808066495
Papierowy ISBN : 9782808069281
Depozyt prawny: D/2022/12603/149

Projekt cyfrowy: Primento – cyfrowy partner wydawców.